HISTOIRES DRÔLES

Texte : Jeanne Olivier

Illustration de la couverture :
Philippe Germain

Héritage jeunesse

HISTOIRES DRÔLES N° 43

Illustration de la couverture : Philippe Germain

Photocomposition : Reid-Lacasse

© Les éditions Héritage inc. 1998
Tous droits réservés

Dépôts légaux : 2e trimestre 1998
Bibliothèque nationale du Québec
Bibliothèque nationale du Canada

ISBN : 2-7625-6257-0   Imprimé au Canada

LES ÉDITIONS HÉRITAGE INC.
300, rue Arran, Saint-Lambert (Québec) J4R 1K5
Téléphone : (514) 875-0327
Télécopieur : (514) 672-5448
Courrier électronique : heritage@mlink.net

**À tous ceux et celles
qui aiment collectionner,
écouter et raconter des blagues.**

François va sonner chez son ami Martin:

— Martin est là?

— Il vient juste de partir! répond sa mère.

— Où est-il?

— Il est allé chez le médecin.

— Mais qu'est-ce qu'il a? demande François, inquiet.

— Il est malade du patin à roues alignées!

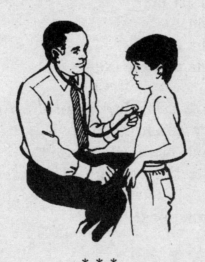

* * *

L'élève : Quand même! Je proteste! Ma note d'examen ne reflète pas la qualité de mon travail!

Le prof : C'est vrai! Mais il n'y avait pas de note plus basse!

* * *

Toc! toc! toc!
— Qui est là?
— Anna.
— Anna qui?
— Anna plein le dos!

* * *

Noémie : J'aime beaucoup mieux ta télévision, grand-maman.

La grand-mère : Pourquoi?

Noémie : Au moins, il y a des dessins animés. À la télé de mon père, il n'y a que les informations!

* * *

Le prof : Compte jusqu'à dix.

Marianne : Un, deux, trois, quatre, cinq, six, sept, huit, dix!

Le prof : Tu as oublié ton neuf!

Marianne : Mais pas du tout, je l'ai mangé pour déjeuner!

* * *

Un homme qui cherche du travail se présente au bureau de l'emploi.

— Que faites-vous dans la vie, monsieur? lui demande le directeur du bureau.

— Je suis chasseur de tigres.

— Mais il n'y a pas de tigres dans notre ville!

— Je le sais bien, c'est pour ça que je suis ici!

* * *

Dans la jungle, le singe dit au perroquet :
— Espèce d'imbécile!
— Pourquoi m'insultes-tu?

— Parce que tu ne sais rien faire! Moi, au moins, je peux faire les mêmes choses que font les hommes : marcher, courir, sauter, me gratter sous les bras.

— Peut-être, dit le perroquet, mais moi je sais parler!

— Ah bon? Et moi, qu'est-ce que tu crois que je suis en train de faire en ce moment?

* * *

Ce qu'il y a de plus étrange quand on va voir une partie de hockey, c'est que ceux qui auraient le plus besoin de faire du sport ne sont pas sur la glace mais tout autour sur les bancs!

* * *

Jean aperçoit un beau chien attaché à un lampadaire. Il s'approche pour le flatter, mais le chien se met à lui parler :

— Tu sais, j'ai gagné le concours du chien le plus intelligent de la ville en 1996!

Étonné, Jean entre au magasin juste à côté et demande à qui appartient le chien.

— À moi, répond un homme qui attend à la caisse.

— Monsieur! je viens de voir votre chien dehors! Il est fantastique! Il est formidable! Il est sensationnel!

— Ah, je vois! J'imagine qu'il vient de te dire qu'il avait gagné le concours du chien le plus intelligent en 1996?

— Oui!

— Ce n'est même pas vrai. C'était en 1995!

* * *

Une carotte et un érable discutent :

— Tu sais qu'en fin de semaine, deux de nos amis se sont mariés!

— Ah oui?

— Ils étaient vraiment faits l'un pour l'autre!

— De qui s'agit-il?

— De l'oignon et du saule pleureur!

* * *

Une araignée tente de prendre une mouche :

— Allez! viens sur ma toile, je vais t'apprendre à tisser!

— Oh! non merci! J'aime mieux filer!

* * *

Kevin est allé au cirque. Un homme entre en scène.

— Quel est ce numéro? demande Kevin à sa mère.

— Ça, il paraît que c'est le clou du spectacle!

— Ah d'accord, c'est pour ça que l'homme est aussi maigre!

* * *

Drrrrrrrring!

— Oui allô?

— Je voudrais parler à Francis.

— Vous avez fait le mauvais numéro, il n'y a pas de Francis ici!

— Oh, je suis vraiment désolé de vous avoir dérangé!

— Vous ne me dérangez pas, le téléphone venait de sonner!

* * *

Judith se présente à la clinique médicale.

— J'ai besoin d'une radiographie, vite!

— Mais madame, vous n'avez pas l'air blessée!

— Ce n'est pas pour moi, c'est pour cette boîte de conserve. Elle n'a plus d'étiquette et je n'arrive pas à me souvenir si c'est de la crème de poulet ou du consommé de bœuf!

* * *

Chez le médecin :

— Docteur! docteur! mon mari se prend pour un chien!

— Bon, dites-lui d'arrêter de baver sur le plancher et je vais l'examiner!

* * *

Normand : Pourquoi les sorcières se promènent-elles sur un balai?

Virginie : Je ne sais pas.

Normand : Parce qu'un aspirateur, c'est trop lourd!

* * *

— Papa! Papa!

— Quoi?

— Vite, bébé Laurent est en train de manger le télé-horaire!

— Lequel? Celui qui est sur la table de cuisine ou celui qui est dans le salon?

— Celui de la cuisine!

— Ah bon! ce n'est pas grave. C'est celui de la semaine dernière!

* * *

Isabelle visite une ferme avec sa classe:

— Quel beau troupeau de moutons! Combien y en a-t-il?

— Je ne sais pas, répond le fermier.

— Vous ne savez pas?

— Non, chaque fois que j'ai essayé de les compter, je me suis endormi avant la fin!

* * *

Odette est au centre d'achats avec son ami Mathieu.

— Qui est cet homme là-bas qui signe des autographes?

— Lui? C'est un grand dompteur de crocodiles.

— De crocodiles? Mais ça doit être dangereux!

— Je comprends! Avant, on l'appelait « le dompteur sans peur et sans crainte». Mais depuis son petit accident de travail, on l'appelle « le dompteur sans peur et sans bras»!

* * *

— Hier soir, je n'ai pas fait mes devoirs. J'ai perdu mon temps!

— Pauvre toi, j'espère que tu vas le retrouver!

* * *

— Ne va pas si vite! Tu roules à 140 km/h!

— Je roule à la vitesse permise écrite sur le panneau!

— Imbécile! C'est le numéro de la route! Heureusement qu'on n'a pas pris la 232!

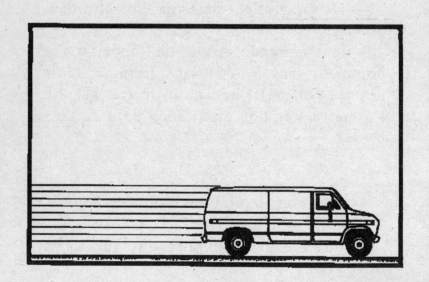

* * *

La sœur : As-tu pensé à changer l'eau de nos poissons cette semaine? C'était à ton tour!

Le frère : Mais ils n'ont même pas fini de boire celle que tu leur as donnée la semaine dernière!

* * *

Le fils : Papa, j'ai entendu dire que dans la mer, les gros poissons mangeaient des sardines.

Le père : Oui, c'est vrai.

Le fils : Mais comment font-ils pour ouvrir la boîte?

* * *

Alexandra : Avec deux notes je peux former le nom d'un chien.

Marc : Ah oui, lesquelles?

Alexandra : La-si!

* * *

Deux crayons discutent :
— Salut! Oh, ça n'a pas l'air d'aller!
— Qu'est-ce qui te fait dire ça?
— Tu n'as pas bonne mine ce matin!

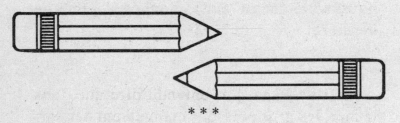

* * *

— Qu'est-ce qui a cinq doigts mais qui ne sait pas se servir d'un crayon?
— Je ne sais pas.
— La main gauche d'un droitier!

* * *

Chez le médecin :
— Je vais devoir vous faire passer une radio.
— Mais je ne sais pas chanter, moi!

* * *

Élodie : Pourquoi les cannibales ne mangent pas de clown?

Françoise : Je ne sais pas.

Élodie : Parce que ça goûte drôle!

* * *

— Quel est le comble de la soif?

— Je ne sais pas.

— Boire les paroles de quelqu'un.

* * *

Camille se promène en campagne avec sa famille.

— Oh! regarde, Antoine, dit-elle à son petit frère, vois-tu la belle forêt?

— Où ça?

— Juste là, à ta droite!

— Non, je ne vois rien, les arbres me cachent la vue!

* * *

— Veux-tu jouer au scrabble avec moi?

— Non, j'en ai assez de jouer avec toi. Tu es trop compétitif!

— Moi je suis compétitif?

— Oui.

— HA! Je suis prêt à parier que je suis moins compétitif que toi!

* * *

Un peintre se promène à la campagne et aperçoit un petit troupeau de vaches en train de brouter près des collines. La scène est magnifique! L'artiste se dirige vers la maison juste à côté et demande au fermier la permission de peindre ses vaches.

— Ouais, j'accepte, répond le fermier. Mais à la condition que vous laviez mes vaches après!

* * *

Un jardinier trouve une voiture de police en creusant dans son jardin.

— Mais que faites-vous là? demande-t-il aux policiers.

— Nous étions en train de poursuivre un dangereux bandit mais il nous a semés!

* * *

— As-tu entendu parler du sous-marin qui s'était arrêté dans le port de Montréal?

— Oui.

— Eh bien il a coulé!

— Pas possible! Comment c'est arrivé?

— Ils ont organisé une journée portes ouvertes!

* * *

Bing! Badang! Pouf! Badaboum!

Un homme est par terre devant son immeuble, tout écorché.

— Mais que vous est-il arrivé? lui

demande un passant qui l'aide à se relever.

— Je sortais pour prendre une marche, mais on dirait que j'ai pris l'escalier au complet!

* * *

Le petit maringouin dit à sa maman :

— Je m'en vais me promener un peu.

— Fais bien attention, mon petit! Tu sais que les humains ne nous aiment pas beaucoup!

— Mais non, maman, au contraire! Moi, chaque fois que je croise un humain, il se met à m'applaudir!

* * *

Chez le médecin :

— Docteur, j'ai avalé un vingt-cinq cents la semaine dernière!

— Pourquoi avez-vous attendu aussi

longtemps avant de venir me voir?

— Je n'en avais pas eu besoin jusqu'à présent!

* * *

Alexis : Pourquoi on met les abeilles en prison?

Denis : Je ne sais pas.

Alexis : Parce que piquer c'est voler!

* * *

— Maman, tout le monde me dit que j'ai un grand nez!

— Mais non, mon chéri. Va chercher un drap et mouche-toi, tu n'arrêtes pas de renifler!

* * *

— Maman, à l'école tout le monde me traite de menteur.

— Hein? Je ne te crois pas!

* * *

Monsieur Dubois reçoit son voisin pour une soirée de cartes.

— Est-ce que je peux te servir un verre d'alcool?

— D'accord, mais s'il te plaît donne-moi quelque chose qui n'est pas fort.

Monsieur Dubois apporte un verre à son invité. Celui-ci en prend une gorgée et soudain il a la tête qui tourne, ses jambes ne le supportent plus et il doit s'accrocher à la table pour ne pas tomber!

— Mais qu'est-ce que tu m'as servi? C'est drôlement fort!

— Pas du tout, au contraire! Mais si ça peut te rassurer, il vient de se produire un tremblement de terre!

* * *

Le prof : Rémi, je te remets ton devoir. Tu dois le refaire. Tu as écrit que l'été arrive avant le printemps!

Rémi : Mais c'est vrai!

Le prof : Veux-tu bien me dire à quel endroit l'été arrive avant le printemps?

Rémi : Dans le dictionnaire!

* * *

Victor : Que fait-on quand il n'y a plus de bleuets pour le dîner?

Norma : Je ne sais pas.

Victor : On étouffe des petits pois!

* * *

Un journaliste est au téléphone :

— Monsieur Jasmin?

— Oui.

— Il paraît que vous venez de fêter votre centième anniversaire de naissance! J'aimerais bien que vous veniez me rencontrer à mon bureau.

— Il n'en est pas question!

— Mais pourquoi?

— C'est de mon fils que vous parlez, et il a un mauvais rhume! Alors je lui ai interdit de sortir!

* * *

Raphaël est un garçon très populaire à l'école. Il va à la pharmacie et demande à une employée :

— Je cherche une carte qu'on peut envoyer à une jeune fille qu'on aime beaucoup.

La vendeuse trouve quelque chose de très joli.

— Regarde cette carte-ci : *Quand je t'aperçois, mon cœur bat plus vite, car tu es la plus belle!*

— Oh oui! ça c'est absolument parfait! C'est ce qu'il me faut! Je vais en prendre dix, s'il vous plaît!

* * *

Le touriste : Vous êtes sûr qu'il n'y a pas de requins ici?

Le guide : Oui.

Le touriste : Alors je peux me baigner? Vous êtes absolument certain qu'il n'y a pas de requins?

Le guide : Oui, oui!

Le touriste : Excusez-moi si j'ai l'air d'insister, mais j'aimerais bien savoir comment vous pouvez être aussi sûr qu'il n'y a pas de requins.

Le guide : Ils ont bien trop peur des crocodiles!

* * *

Maxime : Qu'est-ce qu'une allumette en bois?

Jessica : Je ne sais pas.

Maxime : C'est un cure-oreilles qui rougit!

* * *

— Un beau jour d'hiver, deux nigauds sont partis en forêt et ne sont jamais revenus.

— Pourquoi?

— Ils cherchaient un sapin avec des décorations!

* * *

Le prof : Combien font sept plus huit?

L'élève : Euh... je ne sais pas.

Le prof : Écoute, tu as juste à imaginer que tu as une petite calculatrice dans la tête. On recommence! Concentre-toi, maintenant. Alors, combien font sept plus huit?

L'élève : Euh... je ne peux pas répondre, la pile est usée!

* * *

— C'est vraiment tragique! De nos jours, les gens ne s'écoutent même plus parler!

— Pardon?

* * *

Chez le dentiste :

— Je vais devoir te geler un peu.

— Qu'est-ce que ça fait au juste?

— C'est un peu comme si j'endormais tes dents pour un moment.

— Ah bon, d'accord! Mais vous me promettez qu'elles vont se réveiller pour souper?

* * *

Jocelyn est chez son ami Simon.

— Comme le temps passe vite quand on fait une bonne partie de jeu vidéo!

— Ouais, mais comme le temps passe lentement quand c'est son ami qui joue...

* * *

Le touriste : Quel est votre mets préféré?
Le cannibale : Les gens bons!

* * *

— Qu'est-ce que le squelette dit au fantôme?

— Je ne sais pas.

— Tu me donnes la chair de poule!

* * *

Au restaurant :

— Je m'excuse, monsieur, dit le serveur, mais ce vingt dollars n'est pas bon.

— Ça tombe bien, le repas n'était pas bon non plus!

* * *

30

Patricia : Je vais te raconter une histoire et après chaque phrase tu répondras «Sous le balcon.»

Mélanie : D'accord.

Patricia : Alors je commence! Hier soir, j'ai vu un gars et une fille.

Mélanie : Sous le balcon.

Patricia : Il faisait très noir!

Mélanie : Sous le balcon.

Patricia : Ils étaient en train de s'embrasser.

Mélanie : Sous le balcon.

Patricia : Dis donc, toi, où étais-tu hier soir?

Mélanie : Sous le balcon...

* * *

Le fils : Ah non, ma montre est brisée!

La mère : Vraiment?

Le fils : Mais oui, regarde, elle ne fonctionne plus!

La mère : C'est sûrement juste ta pile qui est à terre !

Le fils : Tu crois ? Voudrais-tu la ramasser pour moi, s'il te plaît ?

* * *

Le frère : Ah non ! J'ai le nez qui coule ! Je le savais que tu finirais par me donner ton rhume !

La sœur : Je regrette, mais tu fais erreur ! Je ne peux pas te l'avoir donné, je l'ai encore !

* * *

Monsieur Leblanc est au guichet de la salle de spectacles pour acheter un billet de concert.

— Ce sera vingt dollars, monsieur, lui dit la caissière.

— Alors je vous donne dix dollars, car j'entends juste d'une oreille !

* * *

Deux mamans kangourous discutent :

— Mais qu'est-ce que tu as à te gratter comme ça sans arrêt?

— Ah, c'est mon plus jeune qui a passé la matinée à l'intérieur à manger des biscuits! Alors tu imagines les miettes que ça fait!

* * *

— J'ai acheté un perroquet formidable. Il peut tout imiter! Même ma femme qui joue du violon!

— Quoi? Mais comment fait-il pour tenir l'archet?

* * *

Dans un pot de confiture, deux fraises se disputent :

— Tasse-toi un peu!

— Pourquoi?

— C'est à mon tour d'être sur le bord de la fenêtre!

* * *

Le juge : Monsieur Roberge, vous avez volé la bicyclette de madame Boucher. Je vous condamne donc à une semaine de prison.

L'accusé : Volé! le mot n'est pas tout à fait exact! Disons que je l'ai empruntée pour longtemps...

Le juge : Ah bon, ma phrase à moi n'était pas non plus tout à fait exacte. Je vous condamne plutôt à sept jours de prison!

* * *

Chez le médecin :

— Docteur, j'ai des problèmes de mémoire. Le matin, je n'arrive pas à me rappeler où j'ai mis mes lunettes la veille.

— Mais vous êtes déjà venu me voir pour ça! Je vous avais dit de toujours les mettre dans leur étui!

— Je le sais, mais je n'arrive jamais à me rappeler où j'ai mis l'étui!

* * *

Toc! toc! toc!
— Qui est là?
— Maman.
— Maman qui?
— Maman aller ça ne sera pas long!

* * *

Julien : Qu'est-ce qui est petit, jaune et qui a la forme d'un carré?

Émilie : Je ne sais pas.

Julien : Un petit carré jaune!!

* * *

À l'épicerie :

— Mais monsieur, pourquoi voulez-vous qu'on vous rembourse cette boîte de macaronis?

— Vous croyez que je vais me laisser faire? Ils sont tous vides vos macaronis!

* * *

À une intersection, Bernard, qui est au volant de sa voiture, demande à son copain Jean :

— Vois-tu venir une auto à droite?

— Non.

— Merci.

Bernard s'avance et BANG! Au comble de

la colère, il crie à son ami :

— Je t'avais pourtant demandé si tu voyais une voiture, imbécile!

— Oui, mais tu ne m'as pas demandé si je voyais arriver un camion!

* * *

Au restaurant :

— Garçon, dites à votre patron que je veux le voir.

— Pour quelle raison, monsieur?

— Je tiens à lui remettre le premier prix de propreté pour son restaurant.

— C'est fantastique, monsieur! Je vais aller le chercher tout de suite! Mais vous n'avez même pas visité la cuisine!

— Ce ne sera pas nécessaire. Tout ce que j'ai mangé goûtait le savon!

* * *

Lucille : Manger des carottes, c'est excellent pour les yeux.

Émile : Oui, je sais que certaines personnes croient ça.

Lucille : Mais c'est vrai!

Émile : Ah oui? Tu as des preuves?

Lucille : Bien sûr! As-tu déjà vu un seul lapin porter des lunettes?

* * *

Laura : Papa, à quoi sert la pluie?

Le père : À faire pousser les plantes, les légumes, les fruits, les arbres.

Laura : Mais alors papa, à quoi sert la pluie dans la rue?

* * *

Toc! toc! toc!
— Qui est là?
— 16.
— 16 qui?
— 16 de faire le fou!

* * *

Jean-Sébastien va voir sa grand-mère accompagné de son amie Sylviane.

— Je dois t'avertir que ma grand-maman est pas mal sourde. Tu dois lui parler très fort.

— D'accord!

Ils arrivent et la grand-mère, qui aime gâter les enfants, leur demande ce qu'elle peut leur servir comme collation.

Sylviane suit les instructions de son ami et dit à pleine tête :

— Je prendrais bien un morceau de gâteau, s'il vous plaît.

— Pas besoin de crier aussi fort, répond la grand-maman, je ne suis pas sourde! Alors, ton hot-dog, tu le veux avec de la moutarde ou du ketchup?

* * *

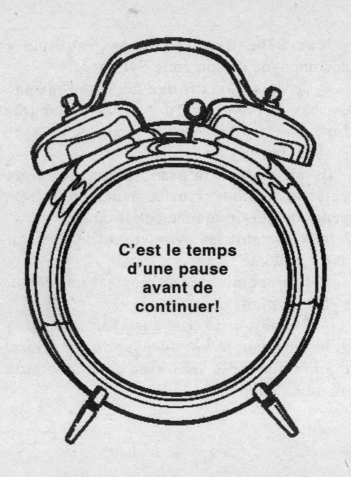

C'est le temps
d'une pause
avant de
continuer!

Toc! toc! toc!
— Qui est là?
— Genou.
— Genou qui?
— Genou zai préparé un excellent souper!

* * *

— Quelqu'un m'a dit que chaque fois qu'on te posait une question, tu répondais par une question. C'est vrai?
— Qui t'a dit ça?

* * *

Magali observe la façon dont est habillé son ami Carl aujourd'hui.
— Wow! Tu es vraiment très chic!
— Merci.
— Ce qui me plaît surtout, c'est ta paire de chaussettes. Bleue dans le pied gauche et verte dans le pied droit! Tu as sûrement cherché dans un tas de magasins avant de trouver une chose aussi originale!

— Non, pas tellement. J'en ai même une autre paire pareille à la maison!

* * *

Le médecin : Alors, vous dites avoir des problèmes de mémoire?

Le patient : Moi, j'ai dit ça?

* * *

À l'école, il y a une panne d'électricité. La directrice et la secrétaire discutent :

— Il faudrait peut-être appeler l'électricien?

— Oui, il faut le mettre au courant!

* * *

La prof : Peux-tu me nommer une caractéristique des Italiens?

L'élève : Oui. Dès leur plus jeune âge, ils savent tous parler parfaitement l'italien!

* * *

Le téléphone sonne chez Audrey. C'est son frère qui répond.

— Allô?

— Puis-je parler à Audrey, s'il vous plaît.

— Un moment.

Le frère dit :

— C'est pour toi, c'est ton grand ami Yves!

— Ah non, pas lui! Dis-lui que je ne suis pas là!

— Euh... elle fait dire qu'elle n'est pas là.

— Eh bien peux-tu lui laisser le message que je n'ai pas téléphoné!

* * *

— Tu sais comment les petites abeilles vont à l'école tous les matins?

— Non.

— En autobzzzzzz!

* * *

Dans la jungle, le zèbre tombe face à face avec un lion.

—RRROARR! fait le lion. Qui es-tu? Je ne t'ai encore jamais vu par ici. Tu ne sais donc pas qu'il ne faut jamais se trouver sur mon chemin si on tient à la vie?

— Oh! je vous en prie, laissez-moi partir.

— Je te propose un marché : si tu réussis à me battre à la course, tu auras la vie sauve.

— D'accord!

— Bon, allez, enlève ton pyjama et on y va!

* * *

Pauline : Quel est le gâteau préféré des bûcherons?

Odile : Je ne sais pas.

Pauline : La bûche!

* * *

Deux amis discutent :

— Comment as-tu eu l'idée de commencer une collection de boomerangs?

— C'est simple. Chaque fois que j'en ai reçu un, j'ai été incapable de me débarrasser de l'ancien!

* * *

Nicole : Je m'en vais visiter mes grands-parents en Nouvelle-Écosse et j'ai bien trop peur d'y aller en avion.

Chantal : Mais prends le train!

Nicole : Le train! C'est aussi dangereux!

Chantal : Qu'est-ce qu'il y a de si dangereux en train?

Nicole : Tu imagines si un avion s'écrase dessus?

* * *

Mario : Quand j'étais jeune, j'ai passé une année sans marcher!

Pascal : Pauvre toi! Tu avais eu un accident?

Mario : Non, je n'avais pas encore appris!

* * *

Dans la cour de récréation, Carole, qui n'a pas la réputation d'être très généreuse, offre des réglisses noires à ses amies.

— Non merci, je n'aime pas vraiment ça.

— Et toi, Noémie, tu en veux?

— Bof... j'aime mieux les réglisses rouges.

— Bon, tant pis! dit Carole en prenant une réglisse et en refermant le sac.

— Et moi? demande Michèle. Tu ne m'en

offres pas?

— Quand même, je ne suis pas imbécile! Je sais trop bien que toi tu aimes ça!

* * *

Claudia : Sais-tu où se trouve la ville de Trois-Rivières?

Marie-Josée : Oui, elle est sur la carte du Québec!

* * *

Deux millionnaires magasinent ensemble. Ils décident de s'acheter chacun une petite auto sport. Un la prend rouge, l'autre noire. Le vendeur leur dit :

— C'est 50 000 $ chaque voiture.

Les deux hommes sortent leur carte de crédit.

— Ah non! dit l'un d'eux. Tu as payé le repas ce midi au restaurant, c'est à mon tour maintenant!

* * *

La mère : Christophe, va en bas s'il te plaît chercher des pommes de terre dans la chambre froide!

Christophe : D'accord, maman, mais est-ce que je peux garder mes souliers?

* * *

— 999 personnes voyagent sur un paquebot. Le bateau chavire. Combien reste-t-il de passagers?

— Je ne sais pas.

— 666!

* * *

Vincent : Ma sœur imite les oiseaux.

Karine : Quoi? Tu veux dire qu'elle vole?

Vincent : Non, non. Elle mange des vers de terre!

* * *

Toc! toc! toc!
— Qui est là?
— Paule.
— Paule qui?
— Paule Nord!

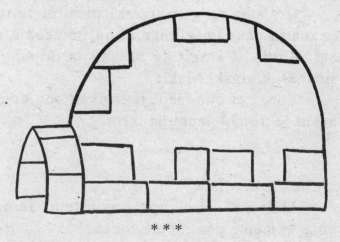

* * *

Au terminus d'autobus, le conducteur vérifie les billets de tous les passagers de son autobus.

— Mais madame, il y a une erreur! Vous avez un billet pour Québec et moi je m'en vais à Ottawa!

— Dites donc, répond la dame, ça vous arrive souvent de vous tromper de direction comme ça?

* * *

— Il y a eu un gros tremblement de terre ce matin dans un village et un immeuble a été détruit. Il s'agit de la maison de monsieur Hgkiulgskawiskia.

— Euh... et comment il écrivait son nom avant le tremblement de terre?

* * *

Chez le dentiste :

— Mais arrêtez de crier, monsieur! Je ne vous ai même pas encore touché!

— Je sais, mais vous m'écrasez le petit orteil!

* * *

Caroline : As-tu déjà entendu parler de l'homme qui avait cinq têtes?
Victoria : Non.
Caroline : Sa tuque lui allait comme un gant!

* * *

Au restaurant, Jacinthe et Thierry commandent un dessert. Le serveur apporte sur la table un gros morceau de gâteau et un petit.

— Allez! dit Jacinthe à son ami, sers-toi!

Thierry prend le gros morceau et donne le petit à Jacinthe.

— Ah ben ça par exemple! Tu es vraiment impoli!

— Pourquoi?

— Monsieur prend le gros morceau et me laisse le petit!

— Et toi, Jacinthe, qu'est-ce que tu aurais fait à ma place?

— J'aurais pris le petit et je t'aurais laissé le gros!

— De quoi te plains-tu alors? Tu l'as, ton petit morceau!

* * *

Benoit : Qu'est-ce qui a une tête, quatre pattes et seulement un pied?

Marina : Je ne sais pas.

Benoit : Un lit!

* * *

Stéphane est en vacances dans un pays étranger. Au programme, aujourd'hui, c'est la visite du musée où se trouve la statue la plus célèbre du pays.

— Est-ce qu'on a pu déterminer son âge? demande Stéphane au guide qui les accompagne.

— Oui, elle a 2007 ans.

— Incroyable! Comment pouvez-vous être aussi précis?

— C'est simple, quand j'ai commencé à travailler ici elle avait 2000 ans. Et ça fait sept ans!

* * *

Le client : Je cherche un lit à toute épreuve.

Le vendeur : C'est pour vous, monsieur?

Le client : Oui.

Le vendeur : Vous n'êtes pourtant pas tellement gros!

Le client : Je sais, mais j'ai un sommeil de plomb!

* * *

Dans l'autobus, Mireille déguste sa gomme à mâcher. Au bout de cinq minutes, une vieille dame assise juste en face d'elle lui dit :

— Ce n'est pas la peine de me parler, tu sais, je suis dure d'oreille et je ne peux pas t'entendre!

* * *

Damien : Comment s'est passé ton voyage en train?

Tim : Bof... j'étais assis de dos et j'ai eu mal au cœur tout le long du trajet!

Damien : Mais tu aurais dû demander à la personne en face de toi de changer de place avec toi!

Tim : J'y ai bien pensé, mais c'était impossible.

Damien : Pourquoi?

Tim : Il n'y avait personne en face de moi!

* * *

Un homme se promène en écoutant de la musique sur son baladeur. Il longe un gros édifice où on fait des travaux de rénovation.

Soudain, un ouvrier échappe son outil, qui tombe vers l'homme. L'ouvrier crie de toutes ses forces :

— Attention!!!

Mais l'homme n'entend rien et l'accident est inévitable. BANG!

Le pauvre homme se fait trancher une oreille! On le transporte vite à l'hôpital où le médecin dit à l'ouvrier qui accompagnait le malheureux :

— Vite, allez me chercher l'oreille! On peut tenter de la recoudre!

L'ouvrier revient quelques minutes plus tard avec l'oreille.

— C'est bien votre oreille? demande le médecin au blessé.

—Humm... non, je ne crois pas! Dans la mienne, il y avait un écouteur!

* * *

— Comment ça se passe avec ton nouveau chien?

— Ah! une vraie catastrophe!

— Pourquoi?

— Il vient tous les matins faire ses besoins sur le journal.

— Mais tu devrais être content!

— C'est juste que j'aimerais qu'il attende que j'aie fini de le lire!

* * *

Dans la salle de spectacles, la personne assise juste à côté de Sylvain lui dit :

— Tu es bien chanceux de pouvoir venir écouter ton groupe de musique préféré!

— Je le sais, en plus ce n'est même pas mon billet, c'est celui de ma sœur!

— Pauvre elle, elle est occupée ce soir?

— Oui, elle cherche son billet!!!

* * *

Le frère et la sœur n'arrivent pas à se mettre d'accord :

— Je te dis que c'est à ton tour de faire la vaisselle!

— Pas du tout! C'est moi qui l'ai lavée hier soir. C'est à ton tour!

— Écoute, arrêtons de discuter, j'ai une idée.

— Quoi?

— On n'a qu'à jouer à pile ou face.

— D'accord.

— Bon, alors si c'est face je gagne, et si c'est pile, tu perds!

* * *

Michèle : Que font les lézards quand il pleut?
Yvonne : Je ne sais pas.
Michèle : Ils se font mouiller!

* * *

Un nigaud emprunte le malaxeur de son voisin pour faire des gâteaux. Mais il n'arrive pas à mélanger la pâte. Il se dit qu'il réussira sûrement mieux le lendemain et va se coucher.

Il recommence le matin suivant et n'arrive toujours pas à mélanger. La farine et le beurre sont pleins de grumeaux, le lait reste sur le dessus. Le nigaud se dit :

— J'imagine que ça demande beaucoup d'entrainement. Je vais recommencer demain et ça ira mieux.

Mais le lendemain, c'est aussi pire. Après une semaine d'échecs, il dit à son voisin :

— Je n'arrive toujours pas à faire des gâteaux avec ton malaxeur, et en plus il me fait tellement mal au bras!

— Pauvre toi, je vais aller voir ce qui se passe.

Le voisin entre, prend le malaxeur, le met en marche...

— Oh! demande alors le nigaud, qu'est-ce que c'est que ce petit bouton que tu viens de pousser?

* * *

— Que faut-il toujours faire avant de descendre d'un avion?

— Je ne sais pas.

— Il faut y monter!

* * *

— Pourquoi chaque année les oiseaux s'envolent vers le sud?

— Je ne sais pas.

— Parce que ce serait trop long à pied!

* * *

— Pourquoi as-tu regardé par-dessus la clôture du voisin?

— Ben, parce que je ne pouvais pas regarder au travers!

* * *

Le mari : Je te le dis, ma fille! La fin de semaine dernière, j'ai pêché un poisson d'au moins vingt kilos! Il mesurait au moins un mètre de long!

La femme : Voyons, Jean-Louis, ça fait deux millions de fois que je te dis d'arrêter d'exagérer!

* * *

Deux hommes discutent :

— Hier soir, un seul verre de bière m'a rendu complètement soûl!

— Ce n'est pas possible! Un seul?

— Oui, le huitième!

* * *

Trois amis vont pêcher sur un lac. Le premier s'appelle Fou, le deuxième Rien et le troisième se nomme Personne.

Soudain, Personne tombe en bas de la chaloupe! Rien demande à Fou d'aller vite chercher du secours.

Fou appelle la police :

— Bonjour, je suis Fou. J'appelle pour Rien parce que Personne est tombé à l'eau!

* * *

Alexandre, un Montréalais, fait visiter sa ville à deux touristes.

— Voici le Stade olympique, dit-il,

très fier.

— Dans mon pays, dit un des touristes en souriant, en une semaine on peut construire un édifice comme celui-là!

— Vous voulez rire, reprend l'autre touriste. Chez nous, ça ne prendrait même pas deux jours!

— Ce n'est rien ça! dit Alexandre, plutôt insulté. Quand je suis sorti ce matin pour aller au dépanneur, il n'était même pas encore là!

* * *

Le prof : J'ai fait une faute en écrivant au tableau. La vois-tu?

L'élève : Tu as écrit baleine avec deux n. Il y en a un de trop.

Le prof : Très bien! J'aimerais maintenant que tu ailles en effacer un.

L'élève : Lequel, le premier ou le deuxième?

* * *

Trois nigauds sont sur le toit d'un gratte-ciel. L'un d'eux dit à ses copains :

— Regardez en bas, dans la rue, une pièce de vingt-cinq cents! Le premier qui l'attrape a gagné!

Le premier saute, il se tue. Le deuxième saute, il se tue. Le troisième saute, il se tue. Le lendemain, on pouvait lire dans le journal : «Trois hommes se tuent pour un couvercle de poubelle!»

* * *

Une grande chanteuse sort de son hôtel pour se rendre à la salle de spectacles. Des dizaines de gardes retiennent la foule.

— Mais pourquoi tous ces gardes? demande la chanteuse.

— C'est pour des raisons de sécurité, madame.

— Sécurité! Mais je n'avais aucune intention de leur faire mal!

***

Un petit garçon et sa petite sœur discutent :

— Pourquoi les poissons ne parlent-ils pas?

— C'est simple : as-tu déjà essayé de parler avec la bouche pleine d'eau?

***

Le prof : Quelle a été l'époque la plus dure pour les êtres humains?

L'élève : L'âge de pierre.

* * *

Charline : Qu'est-ce qui a 64 pattes et pèse juste une plume?

Guillaume : Je ne sais pas.

Charline : Huit araignées!

* * *

Deux copains pique-niquent dans un champ à la campagne. Soudain, un oiseau passe au-dessus d'eux et laisse tomber un «petit cadeau» sur le lunch d'un des copains.

— Oh non! mon sandwich!

— Tu vois, répond son ami, c'est dans ces moments-là que je suis vraiment content que les vaches ne volent pas!

* * *

Deux hommes discutent :

— Près de chez moi, il y a de la construction qui va finir par me rendre fou!

— Comment ça?

— Avec tous ces dynamitages, les camions, les marteaux-pilons, je ne peux plus dormir le matin!

— Mais que sont-ils en train de construire?

— Un centre de recherche sur la pollution par le bruit!

* * *

Chez le médecin :

— Quels sont vos symptômes, monsieur?

— Eh bien hier soir en me couchant, j'ai commencé à avoir très froid. Mes mains et mes pieds étaient glacés, je tremblais de partout!

— Et vos dents claquaient?

— Euh... je ne sais pas, j'avais enlevé mon dentier!

* * *

Aux Jeux olympiques d'hiver, un patineur de vitesse gagne une course avec une bonne longueur d'avance sur tous les autres. Il est parti en trombe et a patiné comme une fusée! À l'arrivée, on pouvait l'entendre crier :

— Qui est l'imbécile qui a mis de la poudre à gratter dans ma combinaison?

* * *

Louis : Je n'aurai plus jamais de contraventions!

Monique : Tu as enfin décidé de conduire de façon raisonnable?

Louis : Non, j'ai enlevé mes essuie-glace!

* * *

Toc! toc! toc!
— Qui est là?
— G.
— G qui?
— G bien envie de te chatouiller!

* * *

— Le salaud, il m'a fait pleurer!

— Qui ça? Dis-moi qui c'est, je vais aller lui parler!

— L'oignon que j'ai mis dans ma sauce à spaghetti!

* * *

— Comme je n'arrêtais pas de parler, mon prof m'a envoyé chez le directeur.

— Pauvre toi! Tu dois te sentir mal?

— Au contraire, je me sens soulagé!

— Comment ça?

— Le directeur n'était pas à son bureau!

* * *

Deux nigauds se racontent des blagues :

— Qu'est-ce qui est mouillé, transparent et qui tombe du ciel?

— La pluie.

— Ahhh... tu la connaissais?

* * *

Marie-Ève : Connais-tu l'histoire du chauffeur d'autobus?

Pamela : Non.

Marie-Ève : Moi non plus, j'étais assise en arrière!

* * *

— Monsieur et madame Isson ont eu leur bébé.

— Comment s'appelle-t-il?

— Paul!

* * *

Michel invite ses amis à la maison après une belle partie de hockey qu'ils ont remportée.

— Je vais demander à ma mère de nous préparer un bon chocolat chaud à tous!

Alors tout contents, les coéquipiers entrent chez Michel.

— Maman, nous avons vaincu!

— Hum... mais Michel, tu sais bien qu'il n'y a que huit chaises dans la cuisine!

* * *

Hubert : Savais-tu que j'ai commencé à prendre des cours de piano?

Lison : Non.

Hubert : Je peux jouer pour toi, si tu veux. Quel est ton morceau préféré?

Lison : Euh... le morceau de gâteau!

* * *

Natacha : Sais-tu comment s'appelle le plus vieil habitant de l'Italie?

Danielle : Non.

Natacha : Pépère Oni!

**

Toc! toc! toc!

— Qui est là?

— A. Simon.

— A. Simon qui?

— A. Simon moine voulait danser!

**

Martin : Quel est le dessert qui se mange le plus rapidement?

Élaine : Je ne sais pas.

Martin : L'éclair!

**

— Sais-tu ce qui est le plus dur quand on apprend à patiner?

— Non.

— La glace!

**

Deux copines discutent :

— En fin de semaine, on a fait un petit voyage. On est partis à cinq heures du matin!

— Mais pourquoi?

— On voulait être sûrs de faire un voyage de bonheur!

* * *

Un pain blanc regarde un pain brun.

— Wow! Quel est le secret de ton bronzage?

* * *

André : Qu'est-ce qu'on trouve au début de toutes les histoires?

Jérémie : Je ne sais pas.

André : La lettre h!

H

* * *

Le frère : Pourquoi as-tu mis toutes ces couvertures sur ton lit?

La sœur : C'est pour lire le roman que je viens de commencer.

Le frère : Comment ça?

La sœur : Parce que c'est une histoire à vous glacer le sang!

* * *

Ève : J'ai entendu parler d'un pays où on mange du poisson tous les jours de l'année!

Olivier : Ah oui! J'imagine que le premier avril, ils se mettent des poulets dans le dos!

* * *

Henri : Connais-tu l'histoire de la cravate?

Anne-Marie : Non.

Henri : Elle est longue et plate!

* * *

La directrice : Alors comme ça, il paraît que tu as lancé des tomates à ton ami Pierre-Paul?

L'élève : Oui.

La directrice : Mais pourquoi a-t-il fallu qu'il aille à l'hôpital?

L'élève : Parce que les tomates étaient encore dans la boîte de conserve...

* * *

Amélie : Hier soir j'avais rendez-vous avec Étienne. Il est arrivé une heure en retard! J'étais tellement en colère que je l'ai planté là!

Gabrielle : Et tu crois qu'il va repousser?

* * *

Un homme cherche un emploi de cuisinier.

— Mais pourquoi voulez-vous absolument engager un chauve? demande-t-il à un propriétaire de restaurant.

— Comme ça, je suis sûr que personne ne viendra me dire qu'il a trouvé un cheveu dans sa soupe!

* * *

Le prof : À quoi nous sert notre peau?

L'élève : À tenir les morceaux ensemble?

* * *

Le directeur : Qu'est-ce que tu as fait dans ta classe?

L'élève : Rien.

Le directeur : Tu n'as pas parlé un peu trop?

L'élève : Non.

Le directeur : Tu n'as pas dérangé tes copains?

L'élève : Non.

Le directeur : Mais pourtant ton professeur t'a envoyé me voir! Sais-tu pourquoi?

L'élève : Oui, je suis très menteur!

* * *

<u>CONCOURS</u>

Tu dois connaître, toi aussi, de courtes histoires drôles. Alors, pourquoi ne pas nous en faire parvenir quelques-unes?

Parmi celles reçues, certaines seront retenues pour publication et l'auteur(e) recevra une surprise.

Participe le plus vite possible et envoie tes histoires drôles à :

CONCOURS HISTOIRES DRÔLES
Les éditions Héritage inc.
300, rue Arran
Saint-Lambert (Québec)
J4R 1K5

Nous avons hâte de te lire!
À très bientôt donc!